凄腕シェフが伝えたい

月イチレシピ

「イルマーレ」オーナーシェフ

依田 隆

説話社

JN114931

茹でただけ、
ソースも具材もなし。
なのに、心底おいしい。
そんなパスタを
食べたことがありますか？

湯を沸かし、適切な塩を入れてパスタを茹でる。
茹で上がったらお皿に盛り付ける。ただそれだけです。
騙されたと思ってつくってみてください。

ほんのり、そこはかとなく感じる塩味が、
パスタ（麺そのもの）のおいしさを引き立てることが、
おわかりいただけますよね？

つくり方は次のページに。

茹でただけ、なのに極旨パスタ。

みなさん、イタリアンのパスタというとなにを思い浮かべますか。
ペペロンチーノ？　ペンネアラビアータ？　ペスカトーレ？
ボンゴレ？　カルボナーラ？……といろいろ出てくるでしょうが、
それよりも、このパスタのように「具なし＆茹でただけ」にそそられませんか？
具がなくても寂しくない。むしろ旨い！　かっこいいでしょ？

アプローチは簡単、シンプルです。
沸騰したら塩を入れ、茹でて軽く水気をきる。それだけです。

塩の分量は水の1％です。
パスタを投入したらすぐさまタイマーをセット。
きっちり4分50秒で火を止めてザルに上げる。
この塩分量と茹で時間をバッチリ決めるだけで、
本当においしくなるんです。
ほら、食べてみて。
ね、おいしいでしょ。
パスタ（麺）のおいしさをそのままシンプルに引き出す。

これが基本、BASE──バーゼ（イタリア料理の核という意味です）。
さあ、みなさん、まずはパスタを茹でることからはじめませんか。

材料（1人分）
パスタ（1.4mm）……70g
水……たっぷり
塩……水の量の1％

依田シェフ推薦の
パスタは
「バリラ」のNo.3
（1.4mm）。

主役はパスタ、麺そのものなんです。

上質なオリーブオイルをひとまわし。さらに、お好みでふたまわし。

適切な塩分量とジャストな時間で茹でただけのパスタ。
これだけでおいしいと何度も言っていますが、
さらに……ここにオリーブオイルをかける。
するとオイルの香りが加味されて、
おいしさが増します。

チーズグレーター（チーズを削る道具）はマストです。

そしてチーズもかける。
粉チーズでもいいですが、ここはパルミジャーノ・レッジャーノの
ようなカタマリの「チーズ」を削りましょう。
コクはもちろんのこと、
削り立ての香りがプラスされるのでさらに奥深くなります。

イタリア人はね、すぐに「バーゼ」って言うんです。「バーゼ」とは基本を意味する言葉です。英語のBase（ベース）と語源は同じ（綴りも同じ）なんですよ。イタリア人は物心ついたときから「バーゼ」を大切にしているから、いかなるときも「バーゼ」という言葉が口に出るんでしょう。

ところが日本人は違います。基本をおろそかにしているわけではないのですが……たまたま器用で適応力に長けた民族性ゆえか、独自のアレンジや進化をさせてしまいがちです。パスタに対してもそう。日本人は麺そのものではなく、のせる具材やソースのことばかり考えてしまうでしょう？
イタリアの友人が日本に来ると「日本のパスタは具が多い（笑）」といつもぼやきます。意外に思われるでしょうが、イタリア人は具材重視ではありません。
それよりも、パスタそのもの（麺）を味わいたいんですから。
われわれ日本人は具だくさんで、さまざまな味わいのソースに慣れているので、そんなイタリア人の言葉にピンとこない。でもね、われわれにとっての「ごはん」に置き換えたら納得でしょ？
「茹でただけのパスタ」ならではのシンプルなおいしさを知っているかが、この本での肝になります。基本＝「バーゼ」を身に付けて、そこに的確ななにかを足していく——それが僕の思う「料理」です。

ほら、立派な一皿のできあがり。

この本は、小田原・早川漁港の目の前にレストランを構える
依田 隆シェフが、"子を持つお父さん"たちに伝えたい料理——
とくにイタリアンのコツをお話しする、読むレシピ本です。

この本をきっかけに、はじめて料理に挑戦する方も多いと思います。
さあ、依田シェフと一緒に「バーゼ」にトライ。

本書の基本「バーゼ」

◎基本の野菜は「玉ねぎ」「ミニトマト」「じゃがいも」

◎基本の調味は「オリーブオイル」「塩」「粉チーズ」

◎基本の柑橘類は「レモン」「ライム」「ゆず」

ひたすらシンプル、極めてシンプルに!
なにより、いちばん大切なことは「笑顔」です!

～疲れているとき、悲しいとき、元気がわかないとき……
どんなときでも、家族を想っての「食」があれば、みな笑顔になります～

日本でもっとも漁港に近いレストランです。

小田原はフレッシュな野菜の宝庫。

獲れ立ての魚介があるからこそ。

11

もくじ

なにはなくとも
気楽にトライ

コーンとツナ

ブロッコリーとツナ

トマトとオニオン

16

ブルスケッタ

ブルスケッタとは、焼いたバゲット（パン）ににんにくを塗り、
お好みの具材をのせたイタリアの前菜です。
手軽だけれどカラフル。おいしくって楽しくて、
「わあ、かわいい！」の声が聞こえてきますよ。
気兼ねない材料とカンタンさで、
家族から一目置かれる。それがブルスケッタです。

カリッと焼いたバゲットににんにくをしっかりと擦り込み、
ほんの少しオリーブオイルをまわしかける。
のせる具もお好みでどうぞ。

バーゼ

お好きな厚さにスライスしたバケットをトースタで焼いたら、皮をむいたにんにく（1片）を
バケットの表面に擦り付ける。しっかりと香りを移したら、軽くオリーブオイルを表面に。

ブルスケッタに欠かせない「にんにく」と「玉ねぎ」

みじん切りした「にんにく」と薄くスライスした「玉ねぎ」（ともに小
さじ1）を炒め、メインとなる具材をともにバケットにのせよう。

コーンとツナのブルスケッタ

材料(1人分)
バケット……2枚
にんにく(みじん切り)……小さじ1
オリーブオイル……少々
玉ねぎ(スライス)……小さじ1
コーン(缶詰)……30g
ツナ(缶詰)……30g
粉チーズ……適量
塩……少々

にんにくと玉ねぎを炒め、油をきっ
たコーン、粉チーズを加えて軽く塩
をして、油をきったツナを加える。
準備しておいたバケットにのせる。
好みでオーブントースターで温めて
もよい。

ブロッコリーとツナのブルスケッタ

材料(1人分)
バケット……2枚
にんにく(みじん切り)……小さじ1
オリーブオイル……少々
玉ねぎ(スライス)……小さじ1
ブロッコリー……50g
ツナ(缶詰)……30g
粉チーズ……適量
塩……少々

たっぷりの湯で茹でよう。

たっぷりの湯で、小房に分けたブロッコリーを2分茹で、茹で上がったらザルにあげて水気をきり、包丁で細かく切る。左ページのようににんにくと玉ねぎを炒め、油をきったツナ、粉チーズをよく加えて軽く塩をしたら、準備しておいたバケットにのせる。好みでオーブントースターで温めてもよい。

トマトとオニオンのブルスケッタ

材料(1人分)
バケット……2枚
にんにく(みじん切り)……小さじ1
オリーブオイル……少々
玉ねぎ(スライス)……4g
ミニトマト(1/4に切る)……3個
塩……少々
ハチミツ……小さじ1
バジル(葉)……好みで

にんにくと玉ねぎを炒め、しんなりしたらミニトマトを加えて軽く塩をしてハチミツをかける。準備しておいたバケットにのせる。好みでオーブントースターで温めてもよい。最後にバジルの葉をおいても。

「たまご」でとじる

野菜たっぷりのフリッタータ

スクランブル
エッグ
をつくる

∨

オーブンで
焼く

材料(1人分)

たまご……1個
玉ねぎ(スライス)……5g
赤ピーマン(5mm幅の千切り)……10g
ズッキーニ(5mm幅の千切り)……10g
いんげん(3cm長さに切る)……1本
ブロッコリー……40g
塩……適量
チーズ……適量
オリーブオイル……適量

1　玉ねぎと赤ピーマンを軽く炒める。ズッキーニは生
　　のまま、いんげんとブロッコリーは下茹でする。

2　ボウルにたまごを割り入れ、塩、チーズ、玉ねぎと
　　赤ピーマン、ズッキーニ、いんげん、ブロッコリー
　　を加えてよく混ぜ合わせる。

3　フライパンにオリーブオイルを熱して、混ぜ合わせ
　　た材料を入れ、手早くゴムベラを回して、ゆるいス
　　クランブルエッグにする。
　　それを耐熱皿に流し入れてオーブンで焼く。

玉ねぎと赤ピーマンに軽く火を入れる。

たまごに火が入りすぎないよう注意。

21

「たまご」でとじる
オムパスタ

材料（1人分）
P4のパスタ……60g
たまご……2個
塩……ひとつまみ
パルメザンチーズ……10g

パスタと
溶きたまごを
混ぜる

↓

スクランブル
エッグ
をつくる

↓

オーブンで
焼く

冒頭の
シンプルパスタを
アレンジ

「塩だけで茹でたパスタ」を
たまごでとじて、
オーブンにイン！

1

ボウルに茹で上がったパスタと
溶きたまごを入れて、

2

塩とパルメザンチーズを加えて、
よく混ぜたら、

3

熱したフライパンに流し入れて、

4

スクランブルエッグをつくるように、
さっと炒め合わせる。

5

耐熱皿に移したら、

6

予熱したトースターで約4分焼く。

しらすのスクランブルエッグ

しらすと
溶きたまごを
混ぜる

↓

スクランブル
エッグ
をつくる

材料（1人分）
釜揚げしらす……20g
たまご……1個
パルメザンチーズ……好きなだけ
イタリアンパセリ……少々

フライパンに溶きほぐしたたまごを入れ、
しらすを加えて火をつけ、さっと炒め合わせる（手早く火を通す）

器に盛り付けたらチーズをふり、
細かく刻んだイタリアンパセリを散らす。

「釜揚げしらす」は和食のイメージですよね。
でも、こんなふうに手早くスクランブルエッグに仕立てて、
パルメザンチーズをふり、刻んだイタリアンパセリを散らすと、
なんともナイスなひと皿に仕上がります。

釜揚げしらすにはもともと塩分があるので、
余計な味付けはしないでオーケーです。

毎日、真剣に料理と
向き合ってきました。
そうこうするうち、
いつの日か、
わが子に伝えたい——
そんなレシピが
増えていたのです。

イルマーレを象徴するひと皿「鮮魚のサラダ仕立て」

家族みなでご近所散歩。

料理人として早幾年、ここ小田原・早川漁港に店を構えてもう17年が経ちます。その間、世の中も僕自身もいろいろな変化がありました。
なかでもここ数年、大きな出来事……父親になったことです。
これまでも「おいしい料理。喜んでいただける料理」を提供していましたが、ここに父として、子どもに伝えなくてはならない、という使命感が生まれました。
そして、これは僕だけではなく、ほかのお父さん方もそうなのでは？と思うようになりました。

わが子に伝えたい＝みなさんにつくってほしい、みなさんの家族や大切な人たちに味わってほしいということ。さまざまな料理をつくり、提案してきて辿り着いたのは極めてシンプルなこと。「わが子に伝えたい」ということは、みなさんにつくっていただき、みなさんの家族や大切な人たちに味わってほしいということ。そのためにはどうすればいいのか？　を考えに考えてたどりついたのがこの本です。そして、僕と同じ「お父さん方」に試してほしい。そんな思いでこの本づくりははじまりました。

料理の世界、とくにイタリアンでの「基本」はごくごくシンプルなことばかり。そしてそれは長い年月で培われてきたことなのです。そうしたことを基本に（これまた『バーゼ』）、一緒に「料理の世界の扉」を開いてみましょう。

イルマーレ 依田 隆

すぐに試せる
月イチレシピ

月に一度だけでいいんです。
子のため、家族のためにトライ。
すぐにおいしい。
でも繰り返してつくるとよりおいしくできるようになります。

1

1
カ月目

お刺身のサラダ仕立てを4品

● 蛸ときゅうりとライム
● 鯵の小さな一品
● イサキの湯霜
● 鮪のカルパッチョ

蛸ときゅうりとライム

材料（1人分）
蛸（生食用）……60g
きゅうり……2本
オリーブオイル……10g
ライム……好きなだけ

切る

↓

オイルを
かける

↓

皮を削る

刺身用（生食用）の蛸を包丁で薄くスライスします。
きゅうりも細切りにしますが、包丁ではなく、
スライサーを使うと"角"ができず、滑らかな断面に。
棒棒鶏のように濃いタレでいただく場合のきゅうりは
しっかりした歯応えがほしいですが、これはしっとり、やわらかに。
このきゅうりの食感が、蛸とよく合うんです。

盛り付けたら、オリーブオイルをまわしかけて。できれば、よいオ
イルを選んでください。仕上げに、ライムの皮を削り、ふわっと散
らす。さわやかな、ひと皿の完成です。

切って、のせて、香りをプラスするだけ。

鯵の小さな一品

魚をあつかう際、ちょっとニオイがキニナルとき、ありますよね？
そんなとき（いえ、そうでなくとも）、
試していただきたいのが醤油で洗うこと。
"洗う" とは日本料理の手法で、醤油に含まれる塩分が
余分な水分を抜き、香りがほんのりと下味になるというもの。
醤油でひとふり、ふたふりと洗ったあとは
キッチンペーパーで水分を拭き取ります。

バーゼ

ボウルで、醤油を含ませるように
して鯵を洗う。

キッチンペーパーで水分を
しっかり拭き取り、ひと口大に切る。

ふたたび、ボウルに鯵を入れて
オリーブオイルと和える。

醤油洗い
する

↓

和える

↓

添える

材料（1人分）
鯵（刺身用）……1切れ
醤油……適量
オリーブオイル……適量
オクラ……1〜2本
穂紫蘇……適量

薄く斜め切りにした
生のオクラ、穂紫蘇、
オリーブオイルをあしらう。

イサキの湯霜

材料（1人分）
イサキ（刺身用）……1切れ
合わせ塩（P42参照）……適量
オクラ……1本
枝豆……10粒程度
ライム（皮）……適量
オリーブオイル……適量

湯霜したイサキをひと口大に切り、
小口切りにしたオクラと、茹でた枝豆を添えて、
ライムの皮を削り落としたら、
オリーブオイルをあしらう、
ただそれだけです。

イサキを合わせ塩で３〜５分ほどマリネする。それを板におき、熱湯を皮目のみ一気にかける。

すぐにイサキを、氷水を張ったボウルに入れる。

湯霜する

↓

具を散らす

↓

皮を削る

↓

オイルを
かける

熱湯をかけたら、すぐに氷水にとる。

──これを「湯霜」や「霜降り」といいます。

35

醤油洗いする

具を加える

オイルをかける

ケーパーを散らす

鮪のカルパッチョ

材料（1人分）
鮪（刺身用）……1柵
醤油……適量
オリーブオイル……適量
紫玉ねぎ……15g
ミニトマト……2〜3個
ケーパー……10粒程度

お刺身はどう召し上がりますか？
たいてい、どの魚でも"わさび醤油"ですよね。
でもね、毎度毎度、わさび醤油だと単調な味わい……
魚の個性が消えて、
みな同じテイストになってしまいます。
ここまで紹介した4品では、
「醤油」はあくまでも調理のひとつ。
「鮪」もしかり。漬け込まず、洗う程度に。
漬け込むと魚の味がしなくなり、
身もかたくなってしまうのでやめましょう。
上質のオリーブオイルと、
薄切りにした紫玉ねぎ、ミニトマトは
軽く炒めて水分を抜いて、
仕上げにケーパーを散らして、
食感と香りのアクセントに。

バーゼ

醤油洗いをしたら、
キッチンペーパー
で水気を拭き取り、
食べやすい大きさ
に切る。

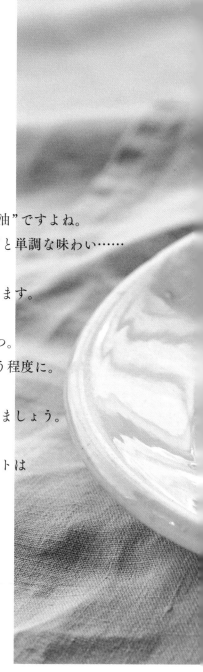

2 カ月目

「アサリ」で二品

- ● アサリのワイン蒸し
- ● アサリのバジリコパスタ

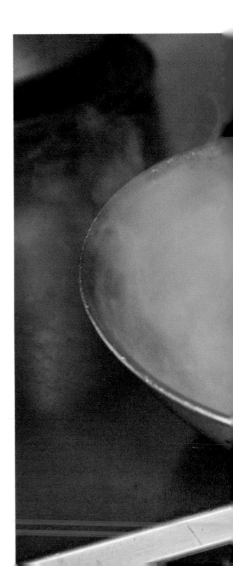

アサリの準備

砂抜きをする

アサリをこすり洗いし、バットに並べる。
塩分濃度3％（海水と同じ濃度）の塩水を
ヒタヒタになる程度まで注ぎ、
新聞紙またはアルミホイルをかぶせる。
スーパーで購入したアサリは1時間程度、
潮干狩りで入手したアサリは半日ほど、常温のままおく。
その後、ザルに上げ水気をきる。

料理ビギナーにとって、魚介類はなにかと手間がかかって
大変そう、とお思いかもしれません。
そんな方にこそおすすめしたいのが「貝類」です。
なかでもアサリは扱いやすく（鮮度の見極めは重要ですが）、
よい出汁が出ますから、お魚クッキングの第一歩にぴったりです。

白ワインを注ぐと――
香りがふわっと立ち上ります。

白ワインを使えば「ワイン蒸し」、
日本酒にすれば「酒蒸し」に。
よいアサリが手に入りますように。

アサリのワイン蒸し

材料（1人分）
アサリ……100〜120g
にんにく（みじん切り）……1/2片分
白ワイン……大さじ2
水……少々
バター……5g
レモン（皮）……お好みで

アサリの
砂抜き

↓

蒸し焼き

↓

バターを
加える

↓

レモンの
皮を削る

1　フライパンに、アサリとにんにくを入れて中火にかける。

2　ふつふつと音がしてきたら、白ワインを加え、少量の水を入れてフタをする。沸騰させると（軽くフランベのようにして）、アサリの口が開く。

3　バターを足してコクを出し、器に盛り付けて、レモンの皮を削る。

中火にかける。

フタをする。

バーゼ

皮を削る。

フランベとは？

ブランデーやラム酒、白ワインなどをふりかけ、火をつけてアルコール分を飛ばす調理法のこと。お酒の風味や香りをつけるのが目的。

アサリとバジルは好相性。互いが、よき香りを引き立て合います。

パスタを
茹でる

↓

アサリの
砂抜き

↓

アサリと
パスタを
和える

↓

レモンの
皮を削る

アサリのバジリコパスタ

材料（1人分）

茹で上がったパスタ……60g
アサリ……80g
にんにく（みじん切り）……小さじ1
白ワイン……大さじ2
水……少々

バジルペースト……大さじ1
　（つくり方はP44参照）
じゃがいも（すりおろし）……10g
イタリアンパセリ（みじん切り）……適量

1　P4の手順でパスタを茹でておく。
　アサリは砂抜きしておく。

2　フライパンにアサリとにんにくを入れて中火にかける。ふつふと音がしてきたら白ワインと水を加える。

3　アサリの口が開いたら、じゃがいもとバジルペーストを加えさらに混ぜ合わせる。火を止め、パスタを入れてさっと混ぜ合わせる。

よくからめる。

じゃがいもを加える。

あると便利な「じゃがいものすりおろし」

食感のポイントに、味わいの奥行きを出すために、……と、僕は"すりおろした"じゃがいもをよく使います。写真のような4面のグレーター（おろし金）でさっとすりおろす。"おろし"といっても大根おろしのような形状ではなく、"細長いスライス"のようなものです。

バジルペーストをつくる

材料（つくりやすい分量）
バジル……50g
オリーブオイル……90mℓ
粉チーズ……10g
にんにく（みじん切り）……小さじ1

1 バジルは大きさなどはとくに気にせず、
フレッシュなものを選ぶ。
葉っぱのみを使うので、手でちぎる。

2 フライパンに水（分量外）を入れて、
バジルをさっと湯通しする。
茹ですぎないよう注意。

3 湯通ししたらすぐに氷水にとる。
大きめのボウルに氷と水を入れ、
そこにザルをセットして
バジルを冷やす。

4

冷えたら、水気をきる。手でよく絞り、
さらにキッチンペーパーに包んで
しっかりと水気をきる。

5

ミキサーに細かく刻んだバジル、
オリーブオイル、粉チーズ、
にんにくを入れて粉砕する。

＊鮮やかなバジルの色合いを損なわぬよう、
ミキサーも冷やして使う。

6

様子を確認しながら、
なめらかなペースト状になるまで
ミキサーにかけたらできあがり。

3ヵ月目

「じゃがいも」と「きのこ」

● じゃがいもロースト

● きのこ焼き

一年中、身近な野菜の代表格といえば「じゃがいも」です。
日本人もじゃがいも好きですが、
それ以上にイタリア人はじゃがいも好き。
どんな料理の付け合わせにも登場するほど、
じゃがいもの頻度が高い（笑）
3ヵ月めは、そんな「じゃがいも」が主役のレシピと、
これまた簡単なきのこ料理にトライしましょう。

じゃがいもロースト

具を混ぜる

↓

炒める

↓

オーブンで
焼く

材料（つくりやすい分量）
じゃがいも……300g
塩……適量（下味程度に）
黒胡椒……適量
にんにく（皮付きのまま）……1片
ローズマリー……1枝
オリーブオイル……適量

1　ボウルに半分に切ったじゃがいも、塩、黒胡椒、
　　にんにく（皮付きで）、オリーブオイルを入れて
　　ボウルをゆらしながら材料を混ぜ合わせる。

2　フライパンに移して、ローズマリーとともに炒める。
　　少量の油でゆっくり火を入れて。
　　焼き色が付いたら、オーブンへ。

イタリアで付け合わせといえば、なにはなくとも「じゃがいも」です。

子どももおとなも大好きな
ハーブ香る自家製じゃがロースト。

「おとーさん、おなかすいたぁ」と学校帰りに店に寄る子どもたち。

毎度毎度、リクエストされるのが、この「じゃがロースト」です。

うちの子たちの大好物、みなさんのおうちでも定番になりますように。

ギュッと噛み締めると
ジュワッと旨みが広がります。

きのこ焼き

材料（つくりやすい分量）
椎茸、エリンギなどお好きなきのこ……100〜150g
オリーブオイル……適量
にんにく（皮付き）……1片
白ワイン……小さじ1（ひとまわし程度）
塩、胡椒……適量

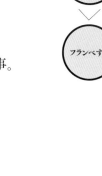

オイルを
熱する

↓

きのこを
炒める

↓

フランベする

この料理は、とにかく焼き色を付けることが大事。
そのためにも、最初に塩をしてはいけません。
水分が出てしまいますから。
水分があると焼き色が付きませんからね。

1　フライパンにオリーブオイルとにんにくを入れて、
　　オイルに香りが移ったら、きのこを入れて炒める。
　　炒めるというと、フライパンをふりがちですが、じっと我慢。
　　いじらないでじっくりと。

2　白ワインでフランベしたら、塩、胡椒を。
　　きのこだけなのに、白ワインの酸が入っているから
　　旨いんです。

きのこは洗ってはいけません。汚
れが気になる場合はキッチンペー
パーでそっと拭き取って。

53

レモンや酢橘、柚子、かぼす……粉チーズなどで、仕上げに香りを効かせる。

料理を出す際、いつも心がけているのはライブ感。
そこに欠かせないのが「香り」です。果汁は使い
ません。だって料理がベチャベチャになってしま
うから。新鮮な柑橘類の皮を直前にささっと削る。
これだけでおいしさが倍増します。

烏賊で2品

● 烏賊焼き
● 茹で烏賊

烏賊を
焼く

↓

盛り付ける

↓

オリーブオイル
をかける

↓

イタリアン
パセリを
散らす

烏賊焼き

材料（1人分）
烏賊……1杯
万願寺とうがらし……2本
オクラ……2本
塩……お好みで
オリーブオイル……適量
イタリアンパセリ……適量

烏賊をさばいたら、表面に切れ目を入れ、
油をひかずにフライパンで焼く。

塩を当てながら、片面を5秒焼いたら、
返して2秒焼く。ゲソも同様に。

焼き上がったら食べやすい大きさに切る。
万願寺とうがらしとオクラを素揚げし、
万願寺とうがらしにのみ、塩をする。
器に盛り付けたら、
オリーブオイルをまわしかけ、
細かく刻んだイタリアンパセリを散らす。

まさに気の利いた「つまみ」です。

茹で烏賊

材料(1人分)

烏賊……1杯　　　　オリーブオイル……適量
カブ……¼個　　　　レモン(皮)……好きなだけ
ミントの葉……適量

さばいた烏賊をさっと茹でて、
ボウルに入れる。
薄くスライスしたカブを塩揉みして、
烏賊と合わせたら、
軽くちょっとオリーブオイルを
まわしかけ、
ミントの葉を散らす。
器に盛り、レモンの皮を削る。

烏賊を
茹でる

↓

カブと
和える

↓

ミントの葉を
散らす

↓

レモンの
皮を削る

むやみやたらに触らず、ボウルを
ゆらしながら混ぜ合わせればよい。

日本一、漁港に近いレストラン

ココが「イルマーレ」です。

市場からはこんなふうに見えます。

対して、うちの店側から見た市場。

　神奈川県の小田原漁港 (早川漁港) をご存知ですか。相模湾の西部、早川河口右岸に位置し、もともとは陸地だったところを掘込み式で整備した珍しいタイプの漁港です。定置網、刺網、一本釣りで獲れた魚介類が豊富で、第3種漁港のため他県からの漁船も多く入港しています。

　その目の前にあるのが僕の店、「イルマーレ」です。なにを隠そう、僕自身、魚嫌いの人生を歩んでいました。が、早川に来て一変。正真正銘、漁港の目の前ですから、よそとは比べものにならないほど鮮度がいいんです。以来、嗜好がガラッと変わり魚ひとすじ。うちでは基本、魚介類以外のお料理はお出していません。

ここに店を開いて17年、毎朝欠かせないことは市場に行くことです。そう言うと「仕入れするのは当たり前でしょ」と思われるかもしれません。が、違うんですよ。じつは漁師さん、仲買さんの手伝いをしているんです。そんな料理人、日本中探しても僕しかいないでしょうね。でもそのおかげで、さらにいい魚を仕入れることができる。

　毎朝続けたからこその信頼関係が、僕の料理に大きく関係しています。最近は小学生の長男が着いてきて、僕の姿を見たり、魚を覚えたりと朝の貴重な、市場の姿を体験しています。学校の勉強だけではわからない"プロの仕事"を目の当たりにして、いい経験ができているはずです。

毎日、この中に混じって品を見極めていますよ。

漁船から上がったトロ箱を
整理したり、札を貼る……
そんな手伝いをしています。

生のままでも、そこに塩をしても、さらに火を入れて水分を逃して旨みを凝縮させても……と、トマトは欠かせません。

じつはトマトが苦手でした。ですが、フルーツトマトを知ってからすっかり概念が変わり、僕の料理にトマトは欠かせない存在です。なかでも、瑞々しく、糖度が高く、旨みも凝縮されている「ミニトマト」は常備。生のままで、塩をして……そして加熱して。そうです、加熱することで（写真のように）水分を飛ばすと、さらにおいしくなり、さまざまな料理に活躍しますよ。

＊ミニトマトとは重さ20〜30g程度の小さなトマトのこと。ミニトマト、チェリートマトと称されることも。

すぐに試せる
月イチレシピ

ここからは、ひとつの食材で
複数の料理にチャレンジ。
レパートリーを増やすことを目標に。
そして、「揚げ物」のコツを伝授します。

2

見慣れた"魚"をごちそうに。

秋刀魚のクレソンサラダ

秋刀魚と茄子

● 秋刀魚のクレソンサラダ

● 秋刀魚と茄子のパスタ

秋刀魚を焼いて、
その身をほぐす

秋刀魚全体に塩をふり、
魚焼きグリルか焼き網で
両面を焼く。

焼いたら、
フォークなどで身をほぐす。

秋刀魚は塩焼きがイチバンと思っていませんか？
"焼いたらそれで終わり"はもったいない。
ほんのひと手間でOKな「ごちそう」を
2品つくりましょう。

茄子を焼いて、
皮をむく

焼き網で茄子を焼く。

氷水に茄子をとり、
手で皮をむく。

秋刀魚のクレソンサラダ

秋刀魚を
焼く

↓

盛り付ける

材料（1人分）
秋刀魚（P68参照）……半身分
クレソン……1〜2本
粒マスタード……適量
オリーブオイル……適量

クレソンをおき、焼いてほぐした秋刀魚を盛り付けて。

皮はもちろん使いますよ。内臓もちょこっとアクセントに。

鮮度のいい秋刀魚の内臓は本当においしいんですから。

粒マスタードを添えて、仕上げにオイルをかけます。

どうしクレソンを使うのか？　だってクレソンは大根と同じ仲間。

秋刀魚の塩焼きに大根おろしって合いますよね？

それと同じこと。そう気がついて……誕生したレシピです。

器選びも、料理の楽しみのひとつ。せっかくの「月イチレシピ」。凝ったプレートを用意して
はいかがでしょう。リムのないフラットなプレートはスタイリッシュに盛り付けられますよ。

にんにくと秋刀魚の肝を炒め、食べやすい大
きさに切った茄子、半分に切ったミニトマト、
トマトソースを加えて炒める。パスタを合わ
せて器に盛り付けたら、生姜をすりおろす。

秋刀魚と茄子の
パスタ

材料(1人分)
茹で上がったパスタ(P4参照)……60g
秋刀魚のほぐし身(P68参照)……1尾分
にんにく……適量
茄子(P69参照)……½本
ミニトマト……適量
トマトソース(市販)……大さじ2
オリーブオイル……適量
生姜(すりおろし)……適量

意外性ある秋刀魚レシピの2品目は
茄子をおともに。
塩焼きしてほぐした秋刀魚と
しっとり焼いて皮をむいた茄子を
トマトのソースで和えました。
パスタの茹で方は最初にお伝えした通り、
「バーゼ」を守ってくださいね。
これだけでもおいしいですが、最後にひと手間かけて、
生姜をすりおろしましょう。

パスタを
茹でる

秋刀魚を
焼く

茄子を
焼く

パスタと具を
和える

生姜を
おろす

"削る"ということ。

僕の料理には"削る"というプロセスが欠かせません。柑橘の皮を削ったり、生姜を削り落とすことで、料理にフレッシュな香りをまとわせることができるからです。とかく「味」のことばかり話題になりますが、おいしさは味だけではありません。香りもとても重要なファクターなのです。だから、しつこいようですが（笑）、削ります。ひと味足りない、と思ったら柑橘類の香りをプラス。すると、途端に料理が生き生きするんですから。これまた何度も言ってすみませんが（笑）、果汁じゃだめです。余計な水分は料理に不要です。

「おろし生姜を添える」はよくあること。でも直接、「生姜をすりおろし」てみてください。驚くほど、ハッと料理が引き立ちますから。

この本に出てくる「すりおろし」と「スライス」とは?

しばしば本書の材料に登場する「すりおろし」と「スライス」。「すりおろし」はP43で紹介したとおりで、「スライス」はいわゆる"薄切り"のことです。となると、どちらも"薄く切ったもの"になりますが、前者はより薄く（クタっとした状態）で、後者は気持ちシャキッとしている状態でしょうか。料理や食材によって使い分ければよいのですが、これらに共通するのは「包丁を使わない」ということです。包丁でトライするのはなかなかに難しいもの。ですから、僕は、こうした万能スライサー（多機能スライサー）を推奨しています。お試しを。

分量について

● 「大さじ1」は計量スプーンの大さじ1杯分で15mℓ、「小さじ1」は同じく小さじ1杯分で5mℓです。

＊計量スプーンがなければ、テーブルスプーン一杯分が約15mℓと目安にするとよい。

● 「ひとつまみ」は親指・人差し指・中指の3本でつまんだ程度の量です。

● 「お好みで」「好きなだけ」は自分好みの量を、「適量」はちょうどよい量を指します。

6 ヵ月目

「鯖」で2品

● 鯖カレー
● 鯖のトマト煮

鯖の準備

鯖は味噌をキッチンペーパーなどでふき、ブツ切りにして粉をまぶす。適温で揚げる。

鯖カレー

材料(1人分)

鯖(味噌漬け)……½切れ
小麦粉……適量
オリーブオイル……適量
にんにく(みじん切り)……小さじ1
生姜……適量

カレー粉……小さじ2
残り野菜(赤ピーマン、きゅうり、
　　にんじん、じゃがいもなど)……50g
トマトソース(市販)……100〜120g
ごはん……お好みで

にんにく、生姜、カレー粉で炒めて香りが出たら、
野菜を入れる。野菜はすべてすりおろしに。
すりおろしておけば、煮込み時間も短縮。
トマトソースを加えて煮詰める。
揚げた鯖にソース(カレー)がよくからむように合わせる。

鯖の味噌漬けを揚げる

野菜をすりおろす

カレーソースをつくる

鯖とカレーソースを合わせる

ごはんにかける

いわゆる缶詰の鯖カレーとは
おもむきがまったく異なるカレーです（笑）

鯖とトマト……
ハマりますよ。

鯖と大根を
トマトソースで
炒める

クレソンを
添える

6カ月め・「鯖」で2品

鯖のトマト煮

材料(1人分)
鯖(生)……½尾
大根(いちょう切り)……80g
小麦粉……適量
オリーブオイル……適量
にんにく(みじん切り)……適量
トマトソース(市販)……60〜80g
クレソン……1本

1　鯖は二枚におろし、ブツ切りにしたら水気を拭き取る。
　　全体に塩、胡椒をして小麦粉を軽くはたく。

2　フライパンにオリーブオイルとにんにくを熱し、
　　オイルににんにくの香りが移ったら、
　　鯖と大根、トマトソースを加えて炒める。

3　ソースが煮詰まったら器に盛り付け、クレソンを添える。

ピンッと鮮度のよい鯖は、腹がかたくしっかりとしている。

7 カ月目

「ウルメイワシ」で3品

● 丸干し焼き
● 茹でたウルメイワシのオイル漬け
● イワシパスタ

一日ほど干した
ウルメイワシ

干すことで
身がギュッとひきしまり、
このままでも旨い。
（干し方はP82に）

「ウルメイワシをおいしく食べる方法は？」と漁師さんに訊くと、
みなさん決まって「丸干しに決まってるよ」と答えるんです。
鮮度のよいイワシを手に入れることができたなら、まずはコレ。

それをグリルで
焼いたもの

斜めに包丁を入れて
魚焼きグリルへ。
香ばしさUP。

マイワシやカタクチイワシなど
"ほかのイワシ"でもお試しいただけますよ。

ウルメイワシは、
頭も内臓も取ることなく、
丸のまま使います。
合わせ塩でマリネして
1時間ほどおく。

ボウルにウルメイワシを
入れて真水で洗う。
漁師さんに教わったのは
「二回洗う」こと。

「合わせ塩」とは?

依田シェフが使うのは「塩と砂糖を合わせた」もの。塩と砂糖の割合は2：1。

軽く水分を拭き取ったら、
網などに置いて干す。

冷蔵庫で干す
(半日以上は干したい)。
干し加減はいくつか試して、
お好みを見つけてみよう。
その後は魚焼きグリルや
焼き網で焼き、頭からどうぞ。

わが家では朝獲れたウルメイワシを、
漁師さんに教わったこの方法で干しています。
夕方には乾くので、そのまま生で食べる。
内臓がカニ味噌みたいに濃厚でおいしいんです。
この場所ならではの贅沢さですよね、
みなさん、ごめんなさい。

水に塩（水の10%）を
入れて沸かし、
湯ににんにくをすりおろして、
強火にかける。

真水で洗った
ウルメイワシを茹でる。

茹で上がったウルメイワシを
網で静かにすくう。

柔らかく茹で上がった
ウルメイワシの頭を取り、
腹側から指を入れる。
中骨を取り除いたらでき上がり。

ウルメイワシは、
自然に身がほぐれる。

残念ながら、魚料理が敬遠されるのは……
〈魚をさばく・魚をおろす〉という行為にあるのでは？
その苦手意識（面倒くさいと感じる気持ち）を払拭する方法を考えました。
包丁もまな板も使いません。
茹でると、スッと楽に骨を抜いて開くことができるのです。

茹でたウルメイワシのオイル漬け

材料（つくりやすい分量）
茹でたウルメイワシ（P84参照）……漬け込む容器にぴったり合う量
オリーブオイル……ウルメイワシがひたひたに浸かる程度の量

ウルメイワシを
茹でる

∨

オリーブ
オイルに浸す

オイルに漬け込み、冷蔵庫へ。
冷たいままでもおいしいし、
パスタと合わせてもおいしい。

イワシパスタ

材料(1人分)
茹で上がったパスタ(P4参照)……60g
茹でたウルメイワシ(P84参照)……2尾
ズッキーニ(薄切り)……10g
ミニトマト……2個
枝豆(茹でたもの)……大さじ1
塩……適量
オリーブオイル……適量
レモン(皮)……お好みで

フライパンにオリーブオイル、
ズッキーニ、ミニトマトを入れて熱し、
茹でてほぐしたイワシの身を加えて、炒め合わせる。
枝豆を加えてさらに炒め合わせたら、
茹で上がったパスタを投入。
よく絡むように合わせたら、器に盛り付け、
レモンの皮を削る。

ほろりとした
口当たりのイワシと、
野菜の食感の妙を
味わうパスタです。

パスタを
茹でる

ウルメイワシを
茹でる

ソースを
つくる

パスタと
からめる

8カ月目

「鮭」で2品

● 鮭のオイルパスタ
● 鮭のレモンクリームパスタ

鮭のオイルパスタ

材料（1人分）

茹で上がったパスタ（P4参照）……70g
鮭……1切れ
オリーブオイル……適量
キャベツ……1/2枚
にんにく（みじん切り）……小さじ1

ミニトマト……4個
唐辛子……小さじ1
バター……5g
塩……ひとつまみ
イタリアンパセリ……お好みで

```
パスタを
茹でる
  ↓
ソースを
つくる
  ↓
ソースと
パスタを
からめる
```

1　キャベツは食べやすい大きさに手でちぎり、茹でる。

2　フライパンにオリーブオイルを熱して、
　唐辛子を入れ、にんにくに火を入れる。

3　にんにくの香りが立ってきたら、半分に切ったミニトマトを
　加えて、トマトの水分を抜くように炒める。

4　キャベツとパスタの茹で汁を加え
　軽く合わせたら、焼いてほぐした
　鮭の身を入れる。さらに香りづけとしての
　パセリ（みじん切り）も入れてさっと合わせる。

5　風味とコクを出すためにバターを
　足してさらにからめる。

バターの風味を移すように。

食べているときに
トマトがアクセントに
大きさとカタチも大切。
食感と香り。
同じ鮭でも、こんなに違う。

パスタをちゃんと茹でる「バーゼ」ができているから、余計なことは不要です。

鮭のレモンクリームパスタ

パスタを茹でる → ソースをつくる → ソースとパスタをからめる

材料(1人分)
茹で上がったパスタ(P4参照)……70g
鮭……1切れ
バター……5g
玉ねぎ(スライス)……5g
生クリーム……20g
しめじ……20g
にんにく……1/4片
塩……ひとつまみ
レモン(皮)……お好みで

1　焼いた鮭は熱いうちに、フォークで身をほぐす
(かなり熱くなっているので気をつけて)。

2　フライパンにバターと玉ねぎを入れて強火にかける。
生クリーム、しめじを入れてふつふとさせ、
皮をむいたにんにくを入れる。

3　ソースに"にんにくの香り"が移ったら、にんにくは取り出す。
ほぐした鮭の身を加えて、フライパンをあおりながら和えたら、
パスタを投入して、これまた塩をひとつまみ。

4　最後にレモンの皮を削る

身をほぐす。

バーゼ

皮を削る。

9/カ月目

牡蠣で2品

● 牡蠣とほうれん草のパスタ

● 牡蠣のベニエ

牡蠣とほうれん草の パスタ

材料（1人分）
茹で上がったパスタ……70g　　ほうれん草……1〜2束
パスタの茹で汁……60mℓ　　エスカルゴバター……10g
牡蠣（生食用）……5個

ほうれん草にパスタの茹で汁と「エスカルゴバター」を合わせて、
軽く炒める。そこに生牡蠣をふわっとからめながら、
火が入ったらパスタを合わせる。
合わせるとき、フライパンをあおるように
するといいですが、難しいなら、
トングや菜箸で和えるようにしてもいいですよ。

ほうれん草は食べやすい
大きさに切って。

牡蠣がプリッと膨らんだら
パスタを投入。

パスタを
茹でる

↓

ソースを
つくる

↓

ソースと
パスタを
からめる

牡蠣のベニエ

牡蠣を洗う
↓
衣をつくる
↓
揚げる

材料（1人分）

牡蠣（生食用）……4個　　　　衣
塩……適量（下味程度に）　　　蕎麦粉……50g
白胡椒……適量　　　　　　　　ビール……70㎖
　　　　　　　　　　　　　　　卵白……1個分
　　　　　　　　　　　　　　　塩……ひとつまみ

「ベニエ」とはフランス発祥の菓子の手法。
もとは"穴の開いていないドーナツ"でしたが、
魚介や野菜にふわっとした軽い衣をつけて
揚げた料理をさします。
しっかり火を入れて揚げてもベチャッとしないのが特徴です。
ほかに、いちじくやカマスもおいしく仕上がりますよ。

牡蠣は塩水で、やさしく混ぜるようにして洗い、ザルに上げて水気をきる。
塩、白胡椒を全体にまぶす。

ボウルに蕎麦粉を入れて、ビールを少しずつ加えて混ぜる。
さらにメレンゲ（卵白と塩を泡立てたもの）を加えて合わせる。
そこに牡蠣をくぐらせて、180℃に熱した油で揚げる。

10

カ月目

「揚げ物」3品

● イチジクのフリット
● 鯵のカツレツミラネーゼ
● 芝海老と椎茸フライ

イチジクのフリット

材料(1人分)
いちじく……1個
塩……適量
小麦粉……適量

衣
│ P97「牡蠣のベニエ」の衣と同様に

イチジクの
皮を剝く

⬇

衣をつくる

⬇

揚げる

1

塩と小麦粉をまぶし、

2

衣にからめ、

3

そっと揚げ油に入れて、

4

じゅわっと揚げる。

いちじくの皮は包丁でむく。皮はそこそこ厚くむいてもよい。
半分に切ったら全面に塩をふる。小麦粉をまぶして揚げるだけ。
塩をすることで、いちじくの甘みが引き立ち、
おおっ！　と盛り上がる揚げ物です。

いわゆるアジフライに飽きたら……
少ない油でカリッと黄金色に揚げるカツレツを。
なぜ「ミラネーゼ」と呼ぶかと言うと、
イタリアのミラノはお金持ちの象徴なんですね。
お金＝黄金！
黄金色の揚げものゆえに「ミラネーゼ」なんです。

鯵のカツレツミラネーゼ

材料（1人分）
鯵……1尾
マヨネーズ……適量
チーズパン粉……適量

ここでの最大のコツは、鯵の表面にマヨネーズを塗ること。
こうすると、衣のつなぎ代わりになると同時に、鯵がふっくらと揚がります。
カリッカリの食感に仕上げるために、粉チーズとパン粉を合わせた
「チーズパン粉」を。粉チーズとパン粉の割合は2：1、
バッドに入れて混ぜ合わせてから使います。

1
ミラネーゼ

マヨネーズを塗り、

2

チーズパン粉をまぶして、

3

静かに揚げ油に、

4

揚げ焼きのようにする。

海老と椎茸との一体感が
ヤミツキに。

椎茸に芝海老をつめて、

全体に粉をふり、

ゆっくり揚げる。

芝海老と椎茸フライ

材料（1人分）
芝海老……10〜12尾
椎茸……4枚
塩……適量
大葉……4枚
小麦粉……適量
フリット粉……適量
オリーブオイル……適量

石突を取った椎茸の内側に、軽く塩をふる。

芝海老にも塩をふっておく。

大葉を、椎茸からハミ出ないようにのせ、芝海老を3尾ほどつめて、

衣にくぐらせて油で揚げる。揚がったら

キッチンペーパーにあげて油をきり、さっと塩をする。

パスタ同様、リゾットもシンプルがいちばん。おいしくつくる最大のコツはイタリア米を選ぶこと。

基本のリゾット

材料（1人分）
米（イタリア米）……70g
玉ねぎ（みじん切り）……小さじ2
白ワイン……大さじ1（ひとまわし程度）
ブイヨン
　・コンソメスープの素（市販品）……5g
　・水……1ℓ
　　※水でスープの素を溶いておく
粉チーズ……適量
オリーブオイル……適量

本場イタリアの「リゾット」に欠かせないのがイタリア米です。日本のお米だとクラクタになって崩れてしまい、よいリゾットになりません。イタリア産の高品質熟成米だからこそ、このシンプルなリゾットが完成できるのです。依田シェフ推薦は「アクエレッロ リゾット米（1年熟成）」がおすすめです。

オリーブオイルで玉ねぎのみじん切りを炒め、
香りが立ってきたら米を入れて、油と馴染ませる。
白ワイン、にんにく、ブイヨンは
味を見ながら少量ずつ加えて17分ほど炊く。
その間、煮詰まらぬようお湯を適宜プラスして米に吸わせる。
オリーブオイルも適宜加え、乳化させながら炊き上げる。
器に盛り付けたら、チーズをふる。

1 香りが立つまで炒め、

2 油に米を馴染ませて、

3 水分を加え

4 乳化させる。

アスパラのリゾット

材料（1人分）

米（イタリア米）……70g	アスパラ……2本	にんにく……½片
白ワイン……大さじ1	塩……ひとつまみ	バター……5g
コンソメスープの素……5g	玉ねぎ（スライス）……適量	チーズ……適量
水……1ℓ	オリーブオイル……適量	

アスパラは、下のほうだけをピーラーでむき、
塩を入れた湯で1分ほど茹でる。
茹で上がったら1cmほどの長さに切る（茹で汁は捨てない）。
フライパンにオリーブオイルとにんにくを熱し、
香りが出てきたら玉ねぎ、アスパラを加えて炒める。
米、白ワイン、茹で汁を入れ、
ブイヨン（P104参照）を少量ずつ加えて炊く。
つねに混ぜながら乳化させる。火から下ろしたらバターを入れ、
さらに乳化させて、最後にチーズを加える。

浅いフライパンが茹でやすい

焼いたら出てくる脂は、
必ず拭き取る。
この脂の有無がおいしさを
大きく左右する。

魚や肉を焼くと食材から水分が出てきます。この
水分と調理の油が合わさると酸化して、嫌な臭み
の原因に。食材から出ているからといってそれは
旨みではありません。"旨みと臭みは紙一重"、
お気をつけて。

すぐに試せる
月イチレシピ

あっという間の一年でしたね。
もうだいぶ、僕の考える「料理のバーゼ」、
できるようになったのでは？
最終章は「ごちそう」をテーマに進めましょう。

3

11

カ月目

アサリ出汁の取り方

あさり1kg は砂を吐かせてよく洗い、深い鍋に入れる。ヒタヒタになる程度の水を入れて火にかける。沸騰したらアクを丁寧に取り、蓋をして弱火に。キッチンペーパーをザルにしき、ゆっくりとこしたら冷ます。冷凍保存で1カ月ほど持ちます。

カマスのスープ

出汁を取る

具を
加熱する

スープに
仕立てる

材料(1人分)
カマス(切り身)……40g
じゃがいも(すりおろし)……30g
赤ピーマン(千切り)……30g
アサリ出汁……100〜130g
にんにく(みじん切り)……小さじ1
イタリアンパセリ……適量
オリーブオイル……適量

「カマス」だからこそのスープです。
ほかの白身魚でもできる?
とお思いでしょうが。
「カマス」の身のふっくらさが
あってこそのレシピなのです。
鮮度よいカマスが手に入ったらぜひ。

フライパンににんにくを入れて火にかけ、30秒ほど茹でたじゃがいもと生の赤ピーマンを炒める。アサリ出汁を加えたら少し煮込み、カマスを加えて塩で味を整える。仕上げに細かく刻んだイタリアンパセリを散らし、オリーブオイルをまわしかける。

きのこスープ

出汁を取る

具を加えて
煮込む

材料（1人分）
しいたけやブラウンマッシュルーム
などお好きなきのこ……60g
にんにく……½片
コンソメスープの素……5g
水……1ℓ
粗挽き胡椒……ふたつまみ
オリーブオイル……適量
粉チーズ……適量

1　フライパンにオリーブオイル、粗挽き胡椒を入れて火にかけ、
　　香りが出たら、ブイヨン（コンソメと水を混ぜたもの※P104参照）を
　　少量ずつ加える。
　　ひと煮立ちしたら、ザルでこして粗挽き胡椒を取り除く。

2　食べやすい大きさに切ったきのこ類と、
　　半分に割ったにんにくを加えて煮込む。

3　塩で味を調えたら盛り付けて、オリーブオイルをひとまわし。
　　仕上げに粉チーズをたっぷりとふる。

フライパンはなるべく静かに扱う。

12

カ月目

「ホウボウ」で2品

● ホウボウのトマト煮
● ホウボウのフリット

ホウボウのトマト煮

ホウボウの全体に塩と小麦粉をふり、
オリーブオイルを熱したフライパンで皮から焼く。
余分な油をキッチンペーパーで拭き取りながら、
全体をしっかりと焼く。

フライパンににんにく、白ワイン、水を加えて蒸し煮に。
さらに、白菜、トマトソースを
加えて煮詰める。

焼く

↓

蒸し煮する

丸ごと調理する醍醐味をマスター。

材料（つくりやすい分量）

ホウボウ……1尾
塩……適量
小麦粉………適量
オリーブオイル……適量
にんにく（すりおろし）……小さじ1
白ワイン……大さじ1
水……適量
トマトソース……120〜150g
白菜……1枚
イタリアンパセリ（1cm角に切る）……小さじ1

ホウボウの下処理

ホウボウの背ビレ、胸ビレをハサ
ミで切る。腹に包丁を入れて内臓
を取り除いたら、流水でよく洗い、
しっかりと水分をふき取る。

絶妙な食感を味わえるフリットに。

粉にからめる

↓

揚げる

粉をボウルに入れ、

切り身に粉をよくまぶす、

ゆっくりと揚げる。

ホウボウのフリット

材料（1人分）
ホウボウ……1尾
塩……適量（下味程度に）
セモリナ粉……適量
サラダ油……適量
イタリアンパセリ……適量

下処理をしたホウボウを
食べやすい大きさに切り、塩で下味をつける。
ボウルにセモリナ粉を入れ、ホウボウ全体にまぶしたら、
180℃程度に熱したサラダ油でゆっくりと揚げる。
キッチンペーパーに上げ油をきったら、
器に盛り付け、イタリアンパセリを散らす。

とっておきのパーティーメニュー

- ● カレイのアクアパッツア
- ● 真鯛の蒸しもの
- ● 太刀魚のソテー
- ● 有頭海老オーブン焼き

カレイのアクアパッツア

材料(1尾分)

カレイ……1尾
塩……適量
小麦粉………適量
オリーブオイル……適量
にんにく(すりおろし)……小さじ1
アサリ出汁(P113参照)…100〜120mℓ

カレー粉……小さじ1〜2
じゃがいも(すりおろし)……10g
ズッキーニ(すりおろし)……10g
にんじん(細切り)……10g
ミニトマト……2個

カレイ全体に塩と小麦粉をふり、
オリーブオイルを熱したフライパンで焼く (脂が出てきたら、きれいにふき取る)。
そこに、にんにく、じゃがいも、ズッキーニ、
にんじん、ミニトマトを入れて炒め煮にする。
アサリ出汁、カレー粉も加えたら煮詰める。

焼く

↓

炒め煮する

↓

煮詰める

ソースを全体に
からめながら仕上げる。

アクアパッツァとは「暴れる水」「狂った水」の意味。
なので……沸騰したお湯で煮る料理を指すのです。

真鯛の蒸しもの

材料（1人分）
真鯛（切り身）……1切れ
塩……適量
バター……5g
ミニトマト……2個
カブ……10g
バジルペースト（P44参照）……大さじ1

蒸す

炒める

真鯛に
かける

1 　蒸し器で、塩をふった真鯛を蒸す。時間は3分ほど。

2 　フライパンにバターを熱し、ふつふつと色が変わりはじめたら
　　半分に切ったミニトマト、すりおろしたカブ、
　　細かく刻んだカブの葉を入れて軽く炒める。
　　焦げないよう、時折、火から下ろして混ぜ合わせるとよい。

3 　皿にバジルペーストをのばし、蒸しあがった真鯛をおき、
　　炒め合わせた野菜をかける。

パイ皿に薄くオイルを
伸ばして真鯛をおき、
蒸し器にセットする。
"蒸す"を覚えると、
魚料理のバリエーションが
ひろがります。

あっさり、ふっくらに蒸した真鯛を
カラフル野菜で彩ります。

太刀魚のソテー

材料(1人分)
太刀魚(切り身)……1切れ
塩……適量
胡椒……適量
小麦粉……適量
にんにく(みじん切り)……適量
玉ねぎ(スライス)……5g
じゃがいも(すりおろし)……5g
いんげん……1本
バジルペースト……大さじ1
オリーブオイル……適量
アサリ出汁(P113参照)……30g

太刀魚に塩、胡椒をふり、
皮目に小麦粉をはたく。
熱したオリーブオイルで皮目から焼く。
皮を押さえつけるようにしっかり焼き、
焼き目が付いたら返してさらに焼く。
余計な脂や水分はきちんと拭き取る。

別のフライパンでにんにくを炒め、
玉ねぎを加えて、アサリ出汁を入れる。
じゃがいも、塩茹でしたいんげん、
バジルペーストを加えて火にかけ、
炒め合わせてソースをつくる。

器に太刀魚を盛り付け、ソースをかける。

皮目から焼き、

脂や水分をぬぐう。

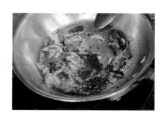

別のフライパンでソースをつくる。

124

じっくり火を入れた太刀魚に、

バジルを香らせて。

「やった！
今月もまた、ごちそう、
つくってくれたね」

有頭海老オーブン焼き

オーブンで
焼く

↓

レモンの
皮を削る

材料（2尾分）
有頭海老……2尾
塩……適量（下味程度）
オリーブオイル……4g
レモン……¼個分
イタリアンパセリ（みじん切り）……適量

「特別な日」のごちそう。

けれども、意外にも簡単にできるんです。

海老の割り方さえうまくいけば、あとはオーブンまかせ。

背にハサミを入れ、

腹を包丁で切り、

オーブンで焼く。

お頭のついた海老を用意する。キッチンバサミで背中
側の殻に切れ目を入れる（背腸は取り除く）。包丁に
持ち替え、背中を均等に開く（腹側は繋がったまま）。
塩をふり、オーブンで焼く。焼き上がったら、塩、オ
リーブオイルで調味し、レモンの皮を削り、パセリを
全体に散らす。いただくときに、レモンを絞っても。

イルマーレ オーナーシェフ

依田 隆 Takashi Yoda

1970年、埼玉県生まれ。海のない県で育ちながらも現在は、"魚介類しか出さないレストラン"のオーナーシェフ。26歳で料理の道に入り、国内で修業ののちイタリアへ。帰国後、イタリア料理店で研鑽を積み、小田原に移住。2006年、小田原・早川漁港の目の前に自身のレストラン「イルマーレ」をオープン。小田原ならではの魚介類と野菜をいかしたオリジナリティあふれる料理を提案している。昨今はJR東日本が運行する周遊型寝台列車「TRAIN SUITE四季島」の料理人としても活躍。著書多数。

［レストラン］
イルマーレ
神奈川県小田原市早川1-11-6
☎0465-24-1510
12:00〜14:00（※最終ご入店時間）
18:00〜20:30（※最終ご入店時間）
月曜（ただし祝日は営業、翌日休業）定休
◎東海道本線早川駅より徒歩3分。
東海道本線・小田急線小田原駅より
クルマで約8分。
https://www.il-mare.co.jp

［ショップ］
マーレ デリ 京王百貨店新宿店
東京都新宿区西新宿1-1-4
京王百貨店新宿店 中地階
☎0570-022-810
（京王百貨店新宿店ナビダイヤル）
10:00〜20:30（日・祝は〜20:00）

ポルタ イルマーレ ヴィーア そごう横浜店
神奈川県横浜市西区高島2-18-1地下2階
☎045-465-2111（そごう横浜店代表）
10:00〜20:00

凄腕シェフが伝えたい「月イチレシピ」

発行日	2023年3月22日　初版発行
著　者	依田隆
発行者	高木利幸
発行所	株式会社説話社
	〒169-8077
	東京都新宿区西早稲田1-1-6

調理助手	小神野竜成（イルマーレ）
写真	寺澤太郎
装丁・デザイン	石島章輝（イシジマデザイン制作室）
編集・企画協力	山﨑真由子
印刷・製本	中央精版印刷株式会社

© Takashi Yoda Printed in Japan 2023
ISBN 978-4-910924-00-7　C2077